Descubramos
AFGANISTÁN

Kathleen Pohl

Consultora de lectura: Susan Nations, M.Ed.,
autora, consultora de alfabetización/consultora de desarrollo de la lectura

Gareth Stevens
Publishing

Please visit our web site at www.garethstevens.com.
For a free color catalog describing Gareth Stevens Publishing's list
of high-quality books, call 1-800-542-2595 (USA) or 1-800-387-3178 (Canada).
Gareth Stevens Publishing's fax: 1-877-542-2596

Library of Congress Cataloging-in-Publication Data

Pohl, Kathleen.
 [Looking at Afghanistan. Spanish]
 Descubramos Afganistán / Kathleen Pohl ; reading consultant, Susan Nations.
     p. cm. — (Descubramos países del mundo)
 Includes bibliographical references and index.
 ISBN-10: 0-8368-9056-6   ISBN-13: 978-0-8368-9056-3 (lib. bdg.)
 ISBN-10: 0-8368-9057-4   ISBN-13: 978-0-8368-9057-0 (softcover)
 1. Afghanistan—Juvenile literature. I. Nations, Susan. II. Title.
 DS351.5.P6218   2009
 958.1—dc22   2008018635

4563 9225 5/11

This edition first published in 2009 by
Gareth Stevens Publishing
A Weekly Reader® Company
1 Reader's Digest Road
Pleasantville, NY 10570-7000 USA

Senior Managing Editor: Lisa M. Herrington
Senior Editor: Barbara Bakowski
Creative Director: Lisa Donovan
Designer: Tammy West
Photo Researcher: Charlene Pinckney

Spanish Edition produced by A+ Media, Inc.
Editorial Director: Julio Abreu
Translators: Adriana Rosado-Bonewitz, Luis Albores
Associate Editors: Janina Morgan, Rosario Ortiz, Bernardo Rivera, Carolyn Schildgen
Graphic Design: Faith Weeks

Photo credits: (t=top, b=bottom, l=left, r=right, c=center)
Cover Rafiq Maqbool/AP; title page © Reuters/Corbis; p. 4 Katherine Kiviat/Redux;
p. 6 Jon Arnold Images Ltd/Alamy; p. 7t Jane Sweeney/Robert Harding World Imagery/
Corbis; p. 7b Norbert Rosing/National Geographic/Getty Images; p. 8 Shah Marai/AFP/
Getty Images; p. 9 David Butow/Redux; p. 10 Paula Bronstein/Getty Images; p. 11t
Paula Bronstein/Getty Images; p. 11b © Reuters/Corbis; p. 12 Shah Marai/Getty Images;
p. 13l CFW Images; p. 13r CFW Images; p. 14 Sardar Ahmad/AFP/Getty Images; p. 15t
Alison Wright/Corbis; p. 15b Paula Bronstein/Getty Images; p. 16 Dany Ngo/ZUMA Press;
p. 17t Tyler Hicks/Getty Images; p. 17b Manish Swarup/AP; p. 18 Paula Bronstein/Getty Images;
p. 19t © Robert Harding Picture Library Ltd/Alamy; p. 19b Caroline Penn/Corbis; p. 20 Giulio
Napolitano/FAO/Contrasto/Redux; p. 21t Ruth Fremson/The New York Times/Redux; p. 21b
Guido Schiefer/Alamy; p. 22 CFW Images; p. 23t Shah Marai/AFP/Getty Images; p. 23b
Paula Bronstein/Getty Images; p. 24 Massoud Hossaini/AFP/Getty Images; p. 25 David Trilling/
Corbis; p. 26 Shutterstock; p. 27t Shutterstock; p. 27b Rafiq Maqbool/AP

Printed in the United States of America

1 2 3 4 5 6 7 8 9 11 10 09 08

Contenido

Las palabras definidas en el glosario están impresas en **negritas** la primera vez que aparecen en el texto.

¿Dónde está Afganistán?

Afganistán es un país en el centro sur de Asia. Tiene fronteras con seis países. Pakistán está al este y al sur. Irán está al oeste. Al norte están Turkmenistán, Uzbekistán y Tayikistán. En el noreste, una

¿Lo sabías?

Afganistán es un poco más chico que Texas.

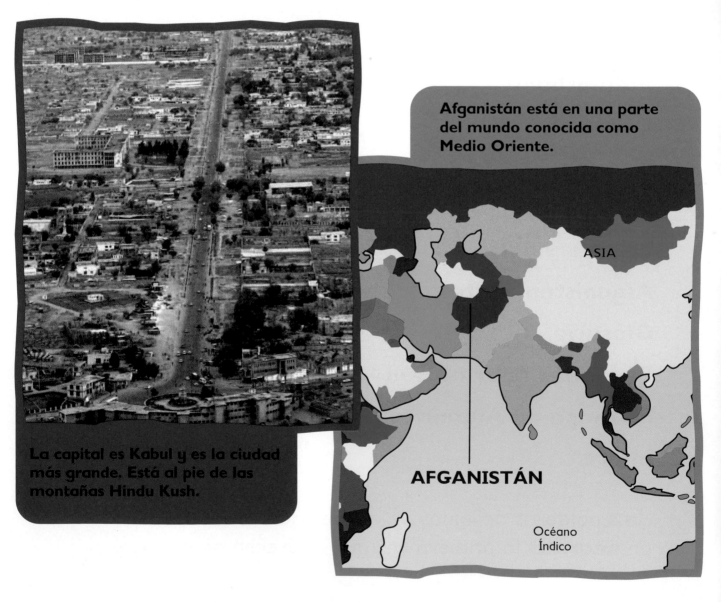

La capital es Kabul y es la ciudad más grande. Está al pie de las montañas Hindu Kush.

Afganistán está en una parte del mundo conocida como Medio Oriente.

ASIA

AFGANISTÁN

Océano Índico

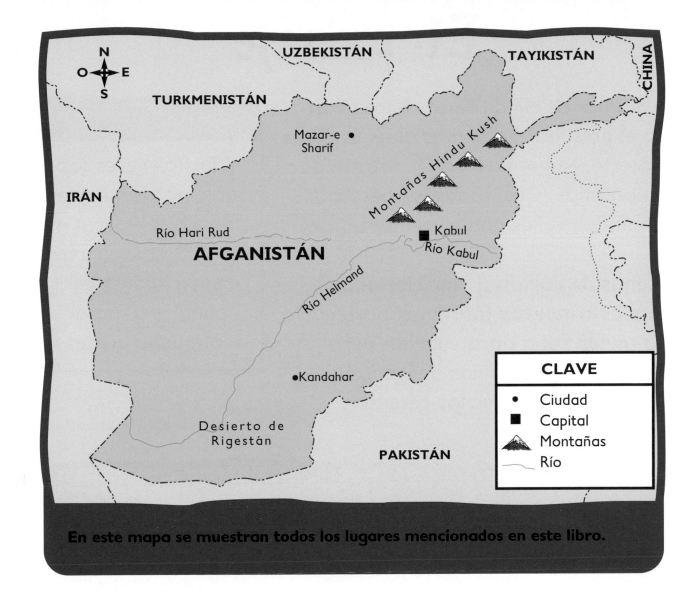

En este mapa se muestran todos los lugares mencionados en este libro.

pequeña parte de Afganistán tiene frontera con China. Afganistán no tiene salida al mar.

Kabul es la capital. Está en el este del país y a un lado del río Kabul. Es una ciudad muy vieja. ¡Se fundó hace más de tres mil años! Kabul fue un centro de comercio. Muchos años de guerra han dejado a partes de la ciudad en ruinas.

El paisaje

Las montañas Hindu Kush cubren casi todo el país. Los picos más altos están en el noreste. Kabul está en el corazón de las montañas. Casi todas las personas viven en los valles entre las montañas.

Cadenas de colinas y planicies altas llamadas **mesetas** forman el norte. Es la mejor zona para cultivar, pero es seca. Los campesinos **irrigan** sus campos con agua de ríos cercanos.

Tiembla con frecuencia en las montañas Hindu Kush. Están cerca de una grieta en la corteza de la Tierra. El suelo tiembla cuando partes de la corteza chocan.

El río Hari Rud da agua potable para las aldeas. También da agua de riego para las cosechas.

La cabra salvaje íbex tiene cuernos largos y curvos. Vive en partes de Afganistán.

La meseta del suroeste es muy seca y con pocos árboles. En el desierto de Rigestán los vientos causan tormentas de arena. El río Helmand fluye al suroeste de Kabul hasta el desierto de Rigestán. El Helmand es el río más largo de Afganistán.

Clima y estaciones

Casi todo el país es caluroso y seco en el verano. El promedio de lluvia es de sólo 330 milímetros al año. El suroeste es el área más seca. Llueve más en las montañas del este. Ahí nieva de noviembre a marzo durante el invierno frío.

Con el invierno llega nieve y mucho frío. Casi todas las personas usan abrigos. Algunas musulmanas usan unos velos largos o chales para cubrirse en público.

Durante una tormenta de arena, ¡a veces no se puede ver! La gente busca refugio rápido.

En algunos años puede llover mucho y se desbordan los ríos. En otros, llueve muy poco. Períodos largos y secos se llaman **sequías**. Las cosechas mueren sin lluvia. Sin comida, la gente a veces muere de hambre. En una sequía reciente, millones de afganos dejaron sus casas. Algunos se mudaron en busca de alimento. Otros se fueron a otros países.

¿Lo sabías?

Las tormentas de arena pueden destruir cosechas y reservas de agua potable. ¡En 2003, enterraron aldeas completas!

Los afganos

Hace mucho, las personas viajaban por la ruta comercial que atravesaba Afganistán. Algunas de ellas se quedaron a vivir ahí. En Afganistán viven casi 32 millones de personas. Pertenecen a muchos **grupos étnicos**. Los dos más grandes son los pashtún y los tajik.

Cada grupo tiene su propio idioma y forma de vida. A veces los grupos se pelean. Cuando la gente de un mismo país se pelea se llama guerra civil. Afganistán ha vivido en **guerra civil** durante muchos años.

¿Lo sabías?

Casi la mitad de las personas tienen menos de 15 años.

Niños musulmanes se hincan a rezar. Los musulmanes rezan cinco veces al día.

Se usan camellos para mover cargas pesadas en el desierto.

La **mezquita** azul en Mazar-e Sharif está en el norte. Es un sitio sagrado y lugar de oración para los musulmanes.

Casi todos son musulmanes y siguen la religión del **Islam**. El Islam tiene reglas de cómo vestir y comportarse. Por ejemplo, hombres y mujeres tienen que hacer filas diferentes en las paradas de autobús. Algunas musulmanas usan un velo largo llamado **burka** cuando salen en público.

Afganistán tiene dos idiomas oficiales, dari y pashto. Casi la mitad de las personas hablan dari. También hay muchos idiomas locales.

Escuela y familia

Un grupo llamado **talibanes** gobernó Afganistán de 1996 a 2001. Tenían leyes islámicas muy estrictas. Las niñas no podían ir a la escuela. Los niños iban a escuelas religiosas.

Cuando los talibanes dejaron el poder, las niñas pudieron ir a la escuela. El nuevo gobierno abrió más escuelas públicas. Pero muchos niños todavía no reciben educación. Más de la mitad de las niñas no van a la primaria. Y muchas menos van a secundaria.

Alguna vez las niñas tenían prohibido ir a la escuela. Hoy, el gobierno afgano está tratando de ayudar a que más niñas reciban educación.

Un maestro explica una lección a un joven alumno.

Una familia se reúne frente a su casa hecha de ladrillos de lodo secados al sol. El padre es pastor.

Niños y niñas pueden ir a escuelas diferentes. Empiezan primaria a los siete años. Aprenden matemáticas, ciencias, y a leer. Leen el Corán, el libro sagrado del Islam. La mayoría de las escuelas tienen poco dinero para pagar maestros y libros. Muchas escuelas han sido dañadas por la guerra. Las clases a veces se dan afuera o en tiendas. Hay áreas donde no hay escuelas. Muchos niños se quedan a trabajar en la granja familiar.

Muchas familias son grandes. Los abuelos, padres e hijos a menudo viven en la misma casa. El padre es la cabeza de la casa. Muchas madres cocinan y cuidan a la familia. Algunas mujeres trabajan fuera. Pero las mujeres en Afganistán tienen menos **derechos** que las mujeres en otros países.

Vida rural

La mayoría de las personas viven en granjas. Cosechan trigo, cebada, maíz, arroz y algodón. Muchas usan herramientas y formas de cultivo antiguas. Las sequías y las inundaciones hacen difícil su trabajo. Muchos campesinos apenas pueden alimentar a sus familias.

Algunas personas en Afganistán son **nómadas**. Van de un lugar a otro y viven en tiendas. Los nómadas buscan un buen lugar para **pastar** para sus ovejas o cabras.

Los bueyes trabajan en el campo. Faltan herramientas modernas.

Niños cuidan una manada de cabras que pastan.

¿Lo sabías?

Algunos granjeros usan **qanats** para obtener agua. Con ellos recogen agua bajo tierra. El agua se mueve por túneles hasta llegar a los cultivos.

En muchas aldeas las mujeres tienen que ir lejos para obtener agua. La llevan en cubos sobre su cabeza. La falta de agua es un gran problema.

La guerra ha dañado la tierra y los caminos. Muchas aldeas no tienen electricidad ni agua potable. Hay muchos pobres y muchos mueren por enfermedades. Hay pocos lugares con buena atención médica. Los niños a menudo van lejos para ir a la escuela.

Vida urbana

Algunas personas viven en ciudades. Hay quien no tiene trabajo y las rentas son altas. Con unas 3 millones de personas, Kabul es la ciudad más grande. Es una mezcla de edificios nuevos y altos y casitas hechas de ladrillos de lodo. Hay tiendas y mercados llamados bazares en las calles. Cayeron bombas sobre caminos y edificios en guerras recientes. Hay que reconstruir partes de Kabul.

¿Lo sabías?

Kabul es una de las capitales más elevadas del mundo. Está a unos 1,800 metros sobre el nivel del mar.

Kabul es una mezcla de barrios viejos y edificios modernos. La capital está dañada por años de guerra.

Las personas compran en mercados callejeros. Ahí venden cereal, frutas y especias.

Las calles de Kabul a veces se llenan de compradores.

Muchas calles no están pavimentadas. Pocos tienen auto. Caminan o usan bicicleta para ir a trabajar. Otros toman autobús o usan carretas haladas por caballos. El aeropuerto principal está en Kabul. No hay trenes.

La segunda ciudad más grande es Kandahar, en el sur. Es un centro de comercio importante para ovejas, lana, algodón y fruta.

Casas afganas

Muchas casas están hechas de ladrillos de lodo secados al sol. Las casas tienen techos planos y tres o cuatro habitaciones. A veces un muro rodea la casa. El muro evita que hombres que no son de la familia vean a las mujeres. En las ciudades, algunas personas viven en edificios de apartamentos.

Casi uno de cada 10 afganos es nómada. Los nómadas viven en tiendas hechas de pelo de cabra. Son fáciles de armar y quitar. Los camellos cargan las tiendas cuando los nómadas van de un lugar a otro.

En ciudades grandes, algunos viven en apartamentos modernos. Éste alto y nuevo está en Kabul.

Algunas personas son **refugiados**. Los refugiados tienen que dejar sus casas debido a la guerra o desastres como terremotos. Viven en chozas o tiendas en campamentos con mucha gente.

¿Lo sabías?

Debido a las guerras, algunos refugiados dejaron Afganistán. Muchos viven en Pakistán.

Esta tienda está hecha de piel de animal y pelo de cabra. Las tiendas nómadas son ligeras y las llevan los camellos.

Muchas casas en el campo son de ladrillos de lodo. Tienen techos planos y pocas ventanas.

Comida afgana

Muchas personas cultivan sus alimentos. Las mujeres en general cocinan sobre una fogata. Usan cereal para hacer un pan llamado **naan**. Las personas usan pedazos de naan como cuchara en cocidos de carne de res o cordero. También comen mucho arroz. Las nueces y frutas frescas también son de sus favoritas.

El naan es un tipo de pan plano. Este panadero usa sus manos para aplanar la masa.

En Afganistán el té es una bebida popular. Estos hombres toman un descanso para el té.

Las comidas en general se sirven en el suelo. Hay cojines grandes y coloridos para sentarse. Los platos se colocan sobre un mantel pequeño en el suelo o una alfombra.

Un niño vende naan, un pan plano, en su aldea.

A mucha gente en Afganistán le gusta tomar té. A veces le ponen especias para darle más sabor. Las casas de té es adónde va la gente para tomar té. Algunas sólo son para hombres.

Las sequías, las inundaciones y la lucha han causado escasez de comida. Los precios del trigo y otros alimentos básicos son altos. A muchas familias les falta alimento.

El trabajo

Algunos campesinos tienen **cultivos comerciales**, como trigo, algodón, frutas y nueces. Los cultivos comerciales se venden por dinero. La gente **exporta**, o vende y envía, productos a otros países. La lana, alfombras y la piel también se venden.

Los tejedores convierten la lana en alfombras hermosas. Se venden en todo el mundo.

Las mujeres tiñen la lana de ovejas y tejen alfombras bellas. Las alfombras hechas a mano de Afganistán se venden en todo el mundo.

22

Un hombre vende cuentas y collares en un mercado en Kabul.

Una enfermera atiende a un paciente en una clínica de salud.

Afganistán es rico en **recursos naturales**. Los recursos naturales son cosas que da la naturaleza y las usan las personas. Algunas personas trabajan en minas en las montañas. Excavan en busca de carbón, cobre, oro y plata. Algunos trabajadores hacen joyería de rubíes y una piedra azul llamada lapislázuli.

En las ciudades, las personas trabajan en tiendas, restaurantes, bancos y oficinas. Algunas son doctores, enfermeras o maestros. En Kabul, algunas trabajan en **fábricas**. Hacen ropa, cemento y fósforos. Los albañiles arreglan caminos dañados. También reconstruyen casas y negocios que fueron bombardeados.

La diversión

Pocos adultos pueden leer, entonces la gente cuenta historias tradicionales. Así, los padres cuentan su pasado a sus hijos. Muchas personas disfrutan de música y bailes típicos. El baile nacional se llama attan. A menudo se baila en bodas.

El deporte nacional, el buzkashi, tiene cientos de años. Dos equipos de jinetes juegan a caballo. Anotan al llevar una cabra o becerro sin cabeza por una portería. En las ciudades, el fútbol y el voleibol también son populares.

Una joven celebra el Eid al-Fitr en un parque de atracciones en Kabul. El festival es después de un mes de **ayuno**.

Volar cometas es un deporte nacional. Los niños con frecuencia hacen sus cometas de pedazos de papel colorido.

Muchos niños vuelan cometas. Juegan un juego llamado lucha de cometas. Un jugador trata de cortar la cuerda de la cometa de otro jugador. La cometa del perdedor cae al suelo. En las ciudades, hay tiendas de cometas por todos lados. Algunas personas hacen sus propias cometas. Usan varillas y papel colorido.

Algunas fiestas en Afganistán son religiosas. En el mes sagrado del **Ramadán**, los musulmanes no comen ni beben durante el día. Eid al-Fitr llega al final del Ramadán. Durante tres días las personas rezan, comen comida especial y dan regalos.

¿Lo sabías?

No se podía volar cometas cuando los talibanes gobernaron Afganistán. No se podía ver películas ni televisión. Tampoco se podía escuchar el radio.

Afganistán: Datos

• Afganistán es una **república**. El nombre oficial del país es República Islámica de Afganistán.

• En 2004 se realizaron las primeras elecciones presidenciales democráticas. Se elige al presidente cada cinco años. Un presidente puede ser elegido por dos períodos.

• Estados Unidos y otros países han enviado soldados a Afganistán. Los soldados luchan contra grupos que son enemigos de Estados Unidos y del gobierno afgano.

• La gente de 18 o más años de edad puede votar.

• Hace mil años, la gente cruzaba Afganistán en la Ruta de la Seda. Era una ruta comercial importante. Conectaba Europa con China.

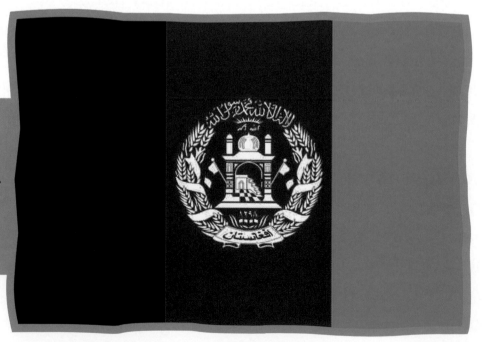

La bandera de Afganistán tiene tres franjas de colores. Son negra, roja y verde. En el centro tiene una mezquita, o lugar de oración para los musulmanes.

La moneda es el **afgani**.

Años de guerra han dejado a partes de Afganistán en ruinas.

Glosario

afgani — moneda de Afganistán

ayuno — no comer

burka — un velo largo usado por algunas afganas para cubrirse en público

cultivos comerciales — cultivos, como el trigo o el algodón, que se venden

derechos — los poderes o privilegios que tiene una persona

exporta — que vende y envía productos a otro país

fábricas — edificios donde se hacen mercancías

grupos étnicos — grupos de personas con la misma cultura, tradiciones y forma de vida

guerra civil — una guerra entre personas del mismo país

irrigar — llevar agua a los campos en regiones secas

Islam — la religión de los musulmanes. El Islam se basa en las enseñanzas de Mahoma. El Corán es el libro sagrado del Islam.

mesetas — grandes áreas de tierra elevada y plana

mezquita — casa de oración del Islam

naan — un tipo de pan plano

nómadas — personas que se mudan de un lugar a otro, viven en tiendas y son pastores

pastar — poner animales a comer en campos de pastos

qanats — sistemas de suministro que recolectan agua bajo tierra y la llevan por túneles a donde se necesita agua

Ramadán — el mes sagrado guardado por los musulmanes en el que no comen ni beben durante horas de luz

recursos naturales — cosas que da la naturaleza, como bosques y minerales, que usan las personas

refugiados — personas que huyen de su país para escapar de la guerra, desastres u otros peligros

república — una forma de gobierno en que las decisiones las toman el pueblo del país y sus representantes electos

sequías — períodos de poca o de ninguna agua

talibanes — un grupo islámico muy estricto que controló Afganistán de 1996 a 2001

Para más información

Afghanistan for Kids
www.public.asu.edu/~apnilsen/afghanistan4kids/index2.html

Embassy of Afghanistan, Washington, D.C.: Kids in Afghanistan
www.embassyofafghanistan.org/kids.html

Enchanted Learning: Afghanistan's Flag
www.enchantedlearning.com/asia/afghanistan/flag

FunTrivia.com: Afghanistan—Questions, Facts, and Information
www.funtrivia.com/en/Geography/Afghanistan-5807.html

Nota del editor para educadores y padres: Nuestros editores han revisado meticulosamente estos sitios Web para asegurarse de que sean apropiados para niños. Sin embargo, muchos sitios Web cambian con frecuencia, y no podemos asegurar que el contenido futuro de los sitios seguirá satisfaciendo nuestros estándares altos de calidad y valor educativo. Se le advierte que se debe supervisar estrechamente a los niños siempre que tengan acceso al Internet.

Mi mapa de Afganistán

Fotocopia o calca el mapa de la página 31. Después escribe los nombres de los países, extensiones de agua, ciudades, provincias y territorios que se listan a continuación. (Mira el mapa que aparece en la página 5 si necesitas ayuda.)

Después de escribir los nombres de todos los lugares, ¡colorea el mapa con crayones!

Países
Afganistán
China
Irán
Pakistán
Tayikistán
Turkmenistán
Uzbekistán

Extensiones de agua
río Hari Rud
río Helmand
río Kabul

Ciudades
Kabul
Kandahar
Mazar-e Sharif

Áreas de tierra y montañas
desierto de Rigestán
montañas Hindu Kush

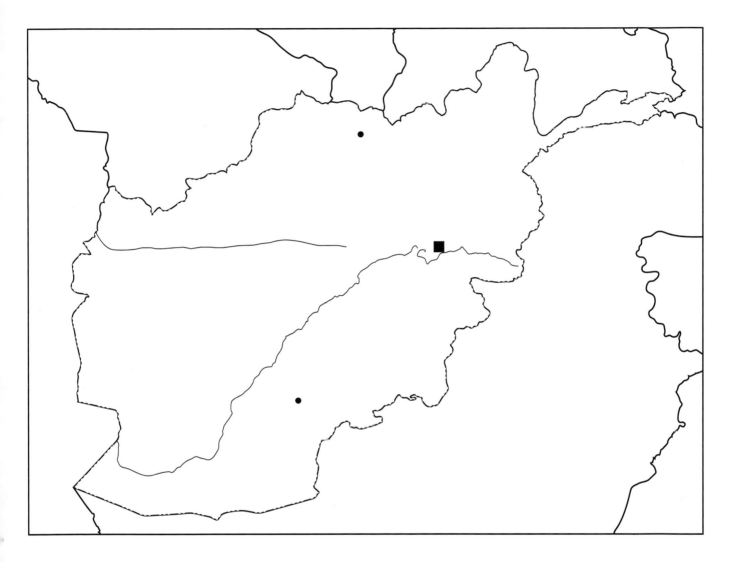

Índice